TOP*Thema*
Migration

Peter Kirch
Thomas Brühne

TOP*Thema* Migration

Liebe Schülerin, lieber Schüler,

Migration, also Wanderungsbewegungen von Menschen, gibt es schon so lange es die Menschheit gibt. Migration war und ist auch immer ein globales Phänomen. Es gibt kein Land der Erde, das nicht grenzüberschreitende Zu- und Abwanderungen oder Wanderungsbewegungen im Landesinneren hat. Jeden Tag verlassen Tausende Menschen aus unterschiedlichen Gründen irgendwo ihre Heimat, um an einem anderen Ort, manchmal in einem anderen Land, eine neue Heimat zu finden. Ein Teil von ihnen sind Arbeitsmigranten, die oft sogar fernab ihrer Heimat eine Arbeit suchen. Andere fliehen aus den zahlreichen Kriegs- und Krisengebieten der Erde. Insbesondere diese Flüchtlingsströme stellen die Weltgemeinschaft vor große Herausforderungen.

Aufgabe
Hier sollst du eintragen, ausfüllen, suchen, rätseln, ergänzen, recherchieren (Internet) – also eine Aufgabe lösen.

Atlas
Dein wichtigstes Hilfsmittel! Wo dieses Zeichen erscheint, sollst du die Aufgabe mit einer passenden Atlasseite lösen.

Buntstifte
Hier sollst du etwas zeichnen.

Internet
Hier sollst du im Internet recherchieren.

Info
Diese Texte sind zum Verständnis sehr wichtig, spannend und informativ. Bitte lesen!

Plus-Seiten
Kniffligere Seiten für TOP-Spezialisten!

Mein TOP*Thema* Migration

Vorname _____

Name _____

Straße _____

Wohnort _____

Alter _____

Klasse _____

Name der Schule _____

Bundesland _____

Heimat

Was ist Heimat? Wo ist Heimat?
Hunderttausende von Menschen verlassen überall auf der Erde aus den unterschiedlichsten Gründen und Motiven jedes Jahr ihre Heimat. Als Migranten lassen sie den Raum, in dem sie geboren wurden, oft weit hinter sich. Am Ende einer langen, oft beschwerlichen Reise möchten sie eine neue Heimat finden.
Das Wort „Heimat" wird vieldeutig verwendet und ist von Gefühlen geprägt. Heimat wird meist auf den Ort oder Raum bezogen, in dem ein Mensch geboren wurde und in dem Familie, Freunde und Nachbarschaft leben, wo der Kindergarten und die Schule besucht wurden.

1. Erstelle einen Kurzsteckbrief deines Heimatlandes, also dem Land, in dem du geboren wurdest.

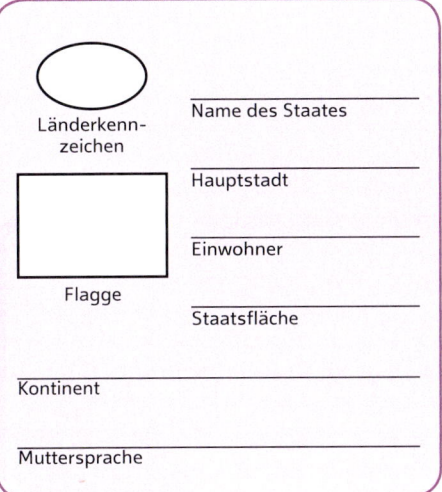

2. Erstelle ein Balkendiagramm zu deinen Vorstellungen, Einstellungen und Meinungen zum Begriff „Heimat". Jeder der elf Aussagen kannst du maximal 100 Punkte zuordnen. Zeichne zu jeder Aussage einen entsprechend langen Balken.

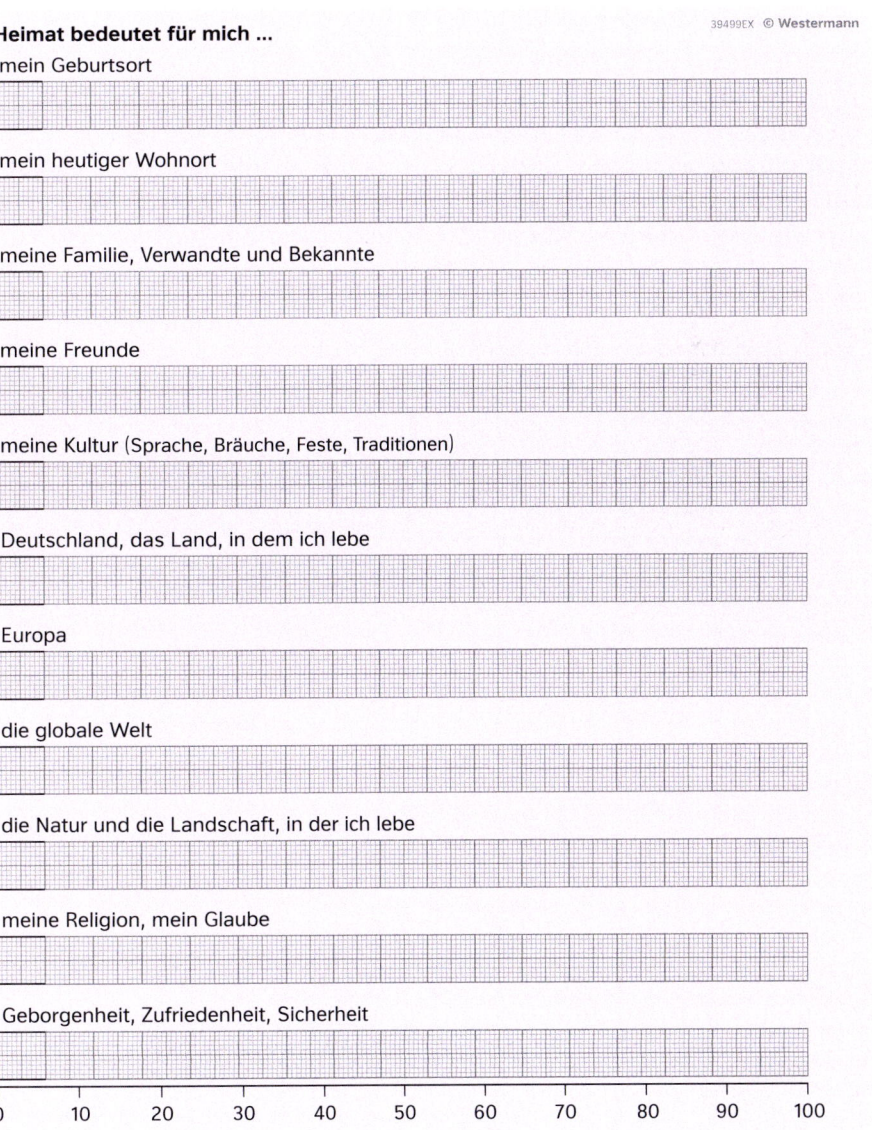

© westermann

Menschen im Aufbruch

1. Erkläre den Begriff Migrant.

Der Mensch – ein Migrant

Solange es Menschen gibt, gehört Migration zur menschlichen Lebensweise. So hat sich beispielsweise der Mensch von Afrika aus über die Erde verbreitet. Die Wanderungen germanischer Völker und Stämme in der Spätantike (4.–6. Jahrhundert) werden in der Geschichte als „die große Völkerwanderung" bezeichnet. Die Gründe dafür waren vor allem verschlechterte Lebensbedingungen. Seit dem 17. Jahrhundert wanderten Millionen Menschen aus allen Teilen der Welt in die Neue Welt. Damit ist Amerika, insbesondere die USA, gemeint. Auch diese Menschen – darunter viele Europäer – waren auf der Suche nach besseren Lebensbedingungen.

Deutschland war ebenfalls schon immer ein Ziel von Migranten. Ende des 19. Jahrhunderts lockte zum Beispiel der deutsche Kaiser Tausende von Menschen aus Polen ins Ruhrgebiet, wo sie als Arbeiter in der aufblühenden Kohle- und Stahlindustrie Arbeit und eine neue Heimat fanden. Millionen von sogenannten Gastarbeitern wanderten mit Beginn der 1960er-Jahre aus den Ländern rund ums Mittelmeer nach Deutschland. Das sind nur einige Beispiele, wo Menschen auf Wanderschaft gehen und ihre alte Heimat gegen eine neue eintauschen – immer in der Hoffnung auf bessere Lebensbedingungen.

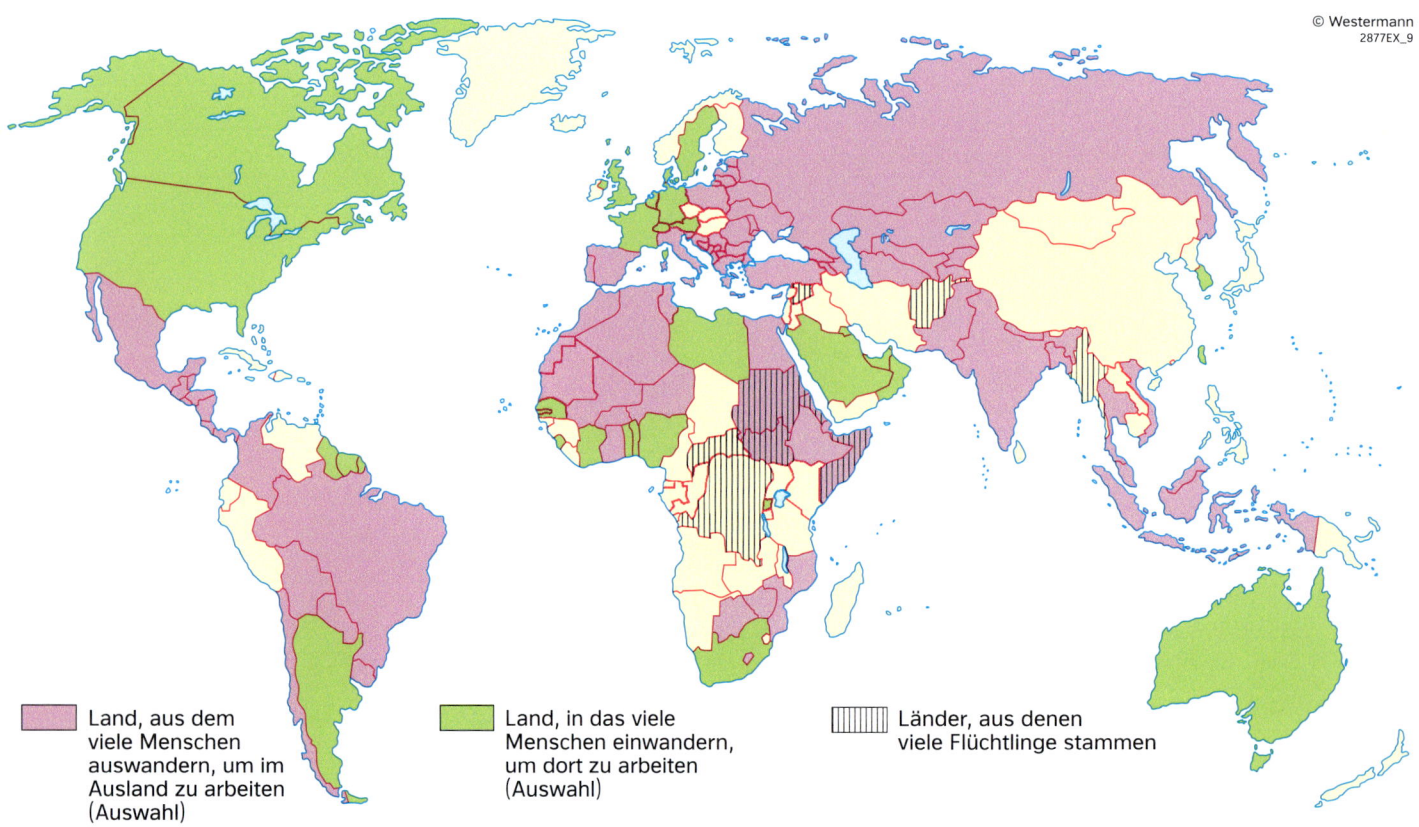

Land, aus dem viele Menschen auswandern, um im Ausland zu arbeiten (Auswahl)

Land, in das viele Menschen einwandern, um dort zu arbeiten (Auswahl)

Länder, aus denen viele Flüchtlinge stammen

2. Werte die Weltkarte zur Migration aus. Ordne den drei dargestellten Kategorien der Migration jeweils acht Staaten zu.

- Land, aus dem viele Menschen auswandern, um im Ausland zu arbeiten

- Land, in das viele Menschen einwandern, um dort zu arbeiten

- Länder, aus denen die meisten Flüchtlinge stammen

Push- und Pull-Faktoren – Gründe für Migration

Meist sind es die gleichen Gründe, die Menschen dazu bewegen, ihre Heimat zu verlassen. Armut, Krieg und fehlende Zukunftsaussichten im Heimatland sind die wichtigsten. Diese Gründe werden Push-Faktoren (engl. push = drücken) genannt.

Dagegen bezeichnet man die Gründe, die Migranten zu einem Ziel hinziehen, als Pull-Faktoren (engl. pull = anziehen). Von jeher war das die Hoffnung auf bessere Lebensumstände in der neuen Heimat.

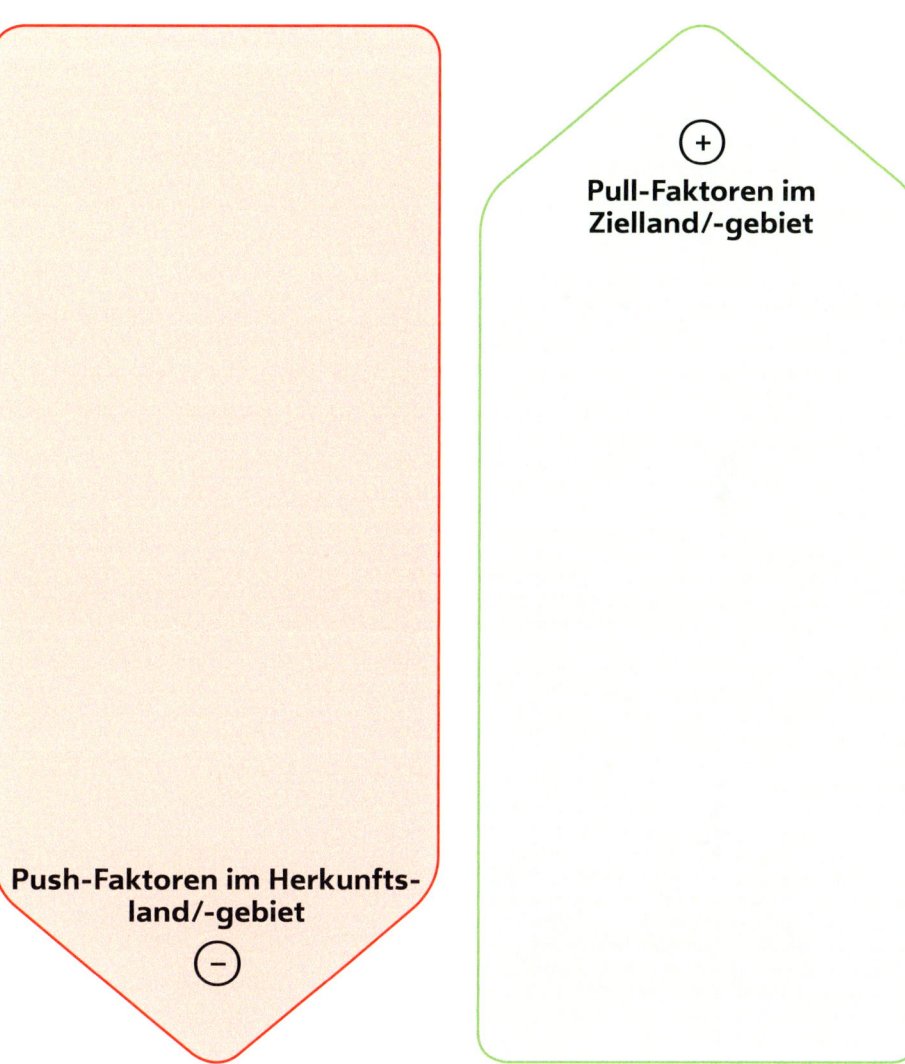

3. Sortiere die folgenden Faktoren nach Push- und Pull-Faktoren und trage sie in die beiden Pfeile ein (ohne die Erläuterungen in Klammern).
großes Warenangebot – geringes Einkommen, Armut – wirtschaftliche und persönliche Unabhängigkeit – Arbeitslosigkeit, fehlende Arbeitsplätze – Hunger, Mangel an Nutzfläche für Selbstversorgung – Rechtsstaatlichkeit – unzureichende Krankenversorgung – Annehmlichkeiten städtischen Lebens (öffentliche Verkehrsmittel, Kultur, Restaurants) – Bürgerkrieg, Verfolgung, Unterdrückung – häufige Naturkatastrophen – hohe Kriminalität, fehlende Polizei – bessere Arbeits- und Verdienstmöglichkeiten – Verbesserung des Lebensstandards (Einkommen, Wohnung, Konsum) – gesicherte medizinische Versorgung – sauberes Trinkwasser – gute Bildungs- und Ausbildungschancen – schlechte Infrastruktur (Trinkwasser, Straßen, Stromnetz, Internet) – kaum Bildungs- und Ausbildungsmöglichkeiten – Demokratie

Neue Heimat in der Neuen Welt

Sehnsuchtsort Neue Welt

Der Kontinent Amerika war seit seiner Entdeckung und Inbesitznahme durch die ehemaligen Kolonialmächte Spanien, Portugal, England und Frankreich das Ziel Millionen europäischer Auswanderer. Diese sogenannte Neue Welt, insbesondere die Vereinigten Staaten von Amerika (USA), wurde zur neuen Heimat von Millionen deutscher Emigranten.

Gründungen deutscher Siedler in den USA

1. Bestimme die in der Karte „Gründungen deutscher Siedler in den USA" liegenden Bundesstaaten der USA (1–6).

1 _____
2 _____
3 _____
4 _____
5 _____
6 _____

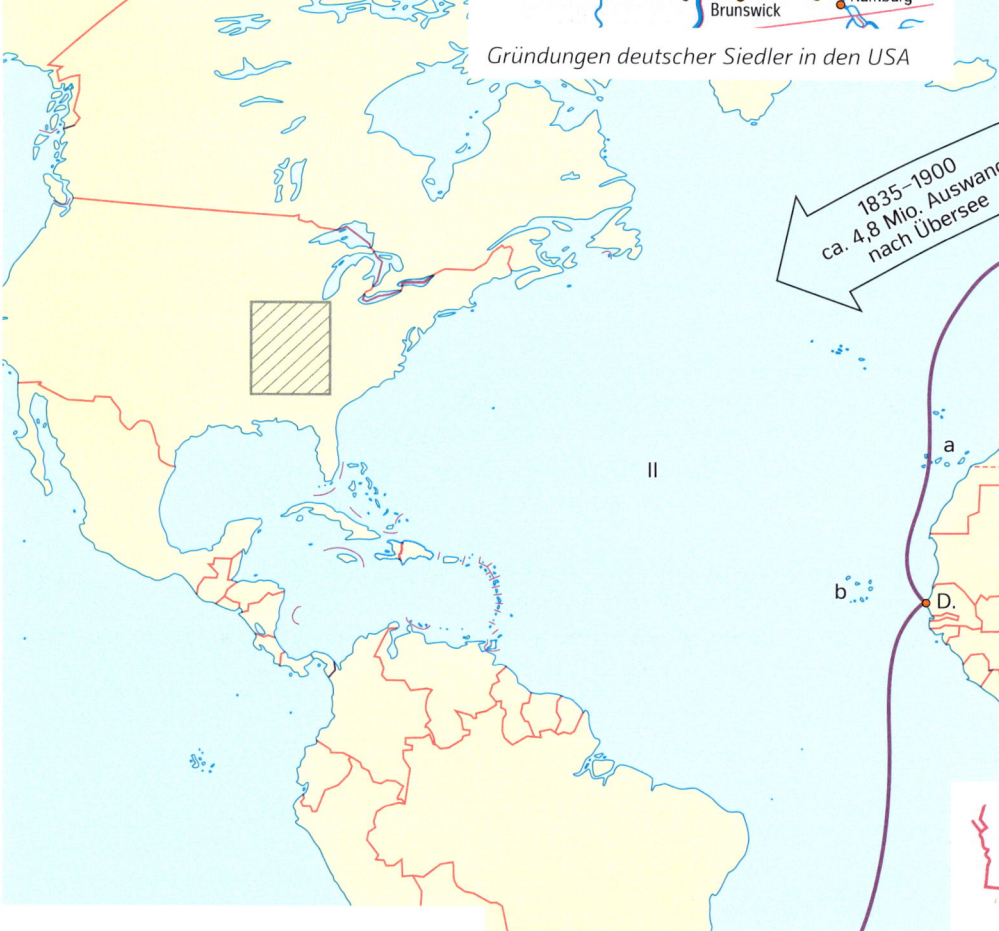

Auswanderung nach Brasilien

Als in der Mitte des 19. Jahrhunderts Hungersnöte, Armut und Willkürherrschaft in Deutschland herrschten, sind Hunderttausende Deutsche nach Brasilien ausgewandert. In drei Wellen verließen sie 1824, 1846 und 1860 ihre Heimat. Tausende der Migranten kamen aus dem Hunsrück. Etwa 10 Prozent der heutigen Brasilianer haben deutsche Vorfahren.

Gründungen deutscher Siedler in Brasilien

Die Reise des Johann Rosskopp

Im Februar 1859 erhielt der 18-jährige Tagelöhner Johann Rosskopp die Genehmigung, seine Heimat verlassen und nach Brasilien auswandern zu dürfen. Rosskopp war einer von vielen aus dem Gebiet des heutigen Rheinland-Pfalz. Diese Menschen nahmen eine beschwerliche Reise auf sich, in der Hoffnung auf eine Verbesserung ihrer wirtschaftlichen Situation in Südamerika. Schon die Reise vom Hunsrück bis Bremerhaven war sehr beschwerlich. An diesem Überseehafen an der Nordsee begann die monatelange Seereise bis Rio de Janeiro in Brasilien. Von dort wurden Rosskopp und die anderen deutschen Auswanderer in die südlichen Provinzen Brasiliens gebracht. Zahlreiche Ortsnamen weisen auf die deutschen Gründungen hin.

Mit dem Planwagen vom Hunsrück zu den Auswanderungshäfen an der Nordsee

2. Beschreibe den Reiseweg von Deutschland bis Südamerika.

Br. _____
I _____
II _____
a _____
b _____
D. _____
R.d.J. _____

3. Benenne in der Karte „Gründungen deutscher Siedler in Brasilien" die Staaten, brasilianischen Distrikte sowie Städte mit deutschen Namen.

Staaten	
1	
2	
3	
4	

Hunsrücker Platt wird zweite Amtssprache

In Brasilien sprechen fast zwei Millionen Menschen das „Riograndenser Hunsrückisch", vor allem in Orten, die von deutschen Einwanderern gegründet wurden. Der Dialekt setzt sich aus Teilen des um Morbach, Idar-Oberstein, Rheinböllen, Simmern und Kastellaun gesprochenen „Hunsrücker Platts" zusammen. Für viele Kinder ist das Riograndenser Hunsrückisch die erste Sprache, die sie zu Hause durch ihre Eltern oder Großeltern lernen. In der Schule müssen sie allerdings Portugiesisch sprechen, was für sie wie eine Fremdsprache erscheint. „Riograndser Hunsrükisch" hat mittlerweile eine ans Portugiesische angelehnte Schreibweise, wird in Schulen gelehrt und teilweise sogar als zweite Amtssprache anerkannt.

Quelle: Bost, Bodo: Brasilien: Hunsrücker Platt wird zweite Amtssprache. In: Trierischer Volksfreund vom 23.05.2012

Distrikte	
I	
II	
III	
Städte	
R.d.J.	
S.P.	
P.A.	
B.	
J.	
M.	

4. Übersetze ins Hochdeutsche: „Hunsrickisch wód de énsiche chprooch, wo ich must chpreche bis ich in di chuhl gang sinn."

Begrüßung auf Portugiesisch in der brasilianischen Stadt Novo Hamburgo

5. Berichte über das Oktoberfest in Blumenau.

© **westermann**

7

Einwanderungsland USA

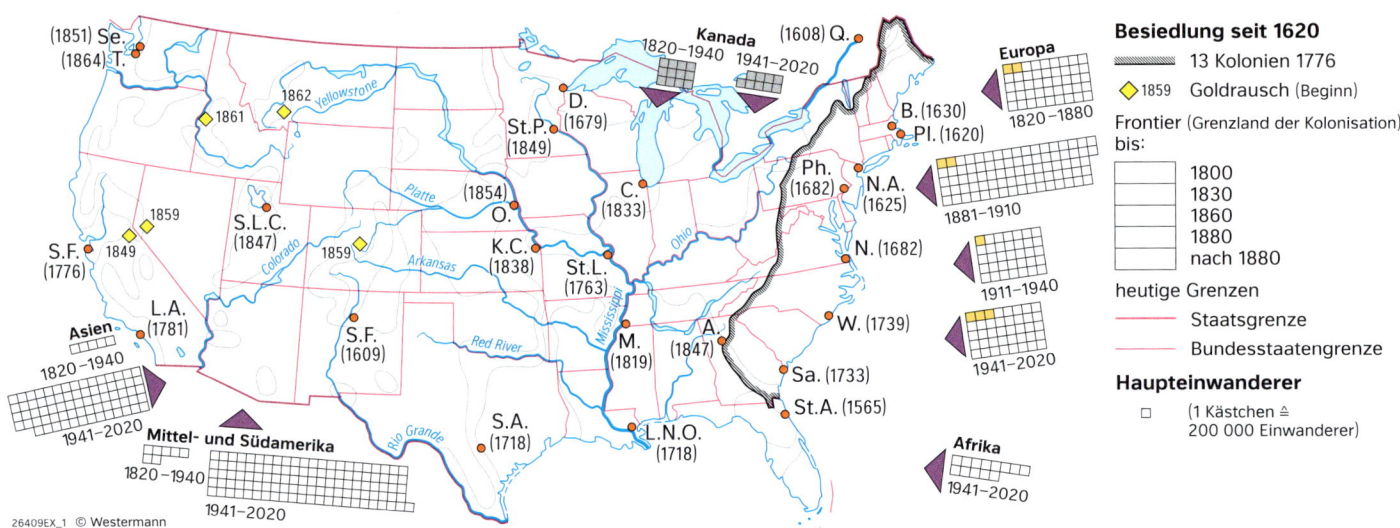

Haupteinwanderer	Farbe	1820–1880	1881–1910	1911–1940	1941–2020
Frankreich, Belgien, Niederlande		0,4 Mio.	0,4 Mio.	0,2 Mio	0,6 Mio.
Deutschland, Österreich, Schweiz		3,2 Mio.	3,6 Mio.	1,2 Mio.	1,6 Mio.
Schweden, Dänemark, Norwegen		0,4 Mio.	1,6 Mio.	0,4 Mio.	0,2 Mio.
Großbritannien, Irland		4,8 Mio.	3,0 Mio.	1,0 Mio.	1,4 Mio.
Portugal, Spanien, Italien, Griechenland		0	3,4 Mio.	2,2 Mio.	1,6 Mio.
Polen, Slowakei, Tschechien, Ungarn, Rumänien, ehem. Jugoslawien/Sowjetunion		0	4,4 Mio.	2,0 Mio.	3,0 Mio.
sonstige Europäer			0		0,4 Mio.
Afrika			0		2,6 Mio.
China			0,4 Mio.		2,8 Mio.
Indien			0		2,2 Mio
Philippinen			0		2,6 Mio.
Korea, Japan			0,2 Mio.		1,6 Mio.
sonst. Asien			0,4 Mio.		6,6 Mio.
Mexiko			0,8 Mio.		8,6 Mio.
sonst. Amerika			0,6 Mio.		13,6 Mio.

1. Trage die Haupteinwanderer zu den verschiedenen Zeiten in die Karte ein. Wähle für jede Ländergruppe/jedes Land eine andere Farbe und trage sie in die Tabelle ein (siehe Beispiel).

2. Bestimme die Städte in der Tabelle mithilfe ihres jeweiligen Gründungsjahres.

3. Zeichne das Grenzland in die Karte ein. Überlege dir dafür eigene Farbabstufungen von dunkel (1800) nach hell (nach 1880). Zeichne die Farben in die Legende ein.

Stadt	Jahr
	1565
	1608
	1609
	1620
	1625
	1630
	1679
	1682
	1682

Stadt	Jahr
	1718
	1718
	1733
	1739
	1763
	1776
	1781
	1819
	1833

Stadt	Jahr
	1838
	1847
	1847
	1849
	1851
	1854
	1864

Little Italy, Koreatown und Chinatown

Mit der Unabhängigkeitserklärung vom 4. Juli 1776 wurden die Vereinigten Staaten von Amerika gegründet. Seitdem sind Menschen aus Afrika, Asien, Europa und Südamerika in die USA immigriert. Anders als bei den historischen Völkerwanderungen sind kleine Gruppen und Einzelpersonen eingewandert. Menschen unterschiedlicher Herkunft sind seitdem in einem „Schmelztiegel" (engl. melting pot) zu einer Nation vereint worden. Aus Ureinwohnern, Afrikanern, Deutschen, Koreanern usw. wurden Amerikaner.

Die frühen Einwanderer haben ihre Herkunft niemals vollständig aufgegeben. Kulturelle Feste, Speisen und Bräuche werden beibehalten. In Städten wie New York sind deshalb ganze Stadtteile kulturell geprägt. Das Stadtgebiet lässt sich in eine Art Flickenteppich einteilen: Hier leben Menschen unterschiedlicher Herkunft zusammen, aber eine ethnische Bevölkerungsgruppe ist am stärksten vertreten. Teilweise gibt es sogar eigene Namen wie „Little Italy", „Koreatown" oder „Chinatown".

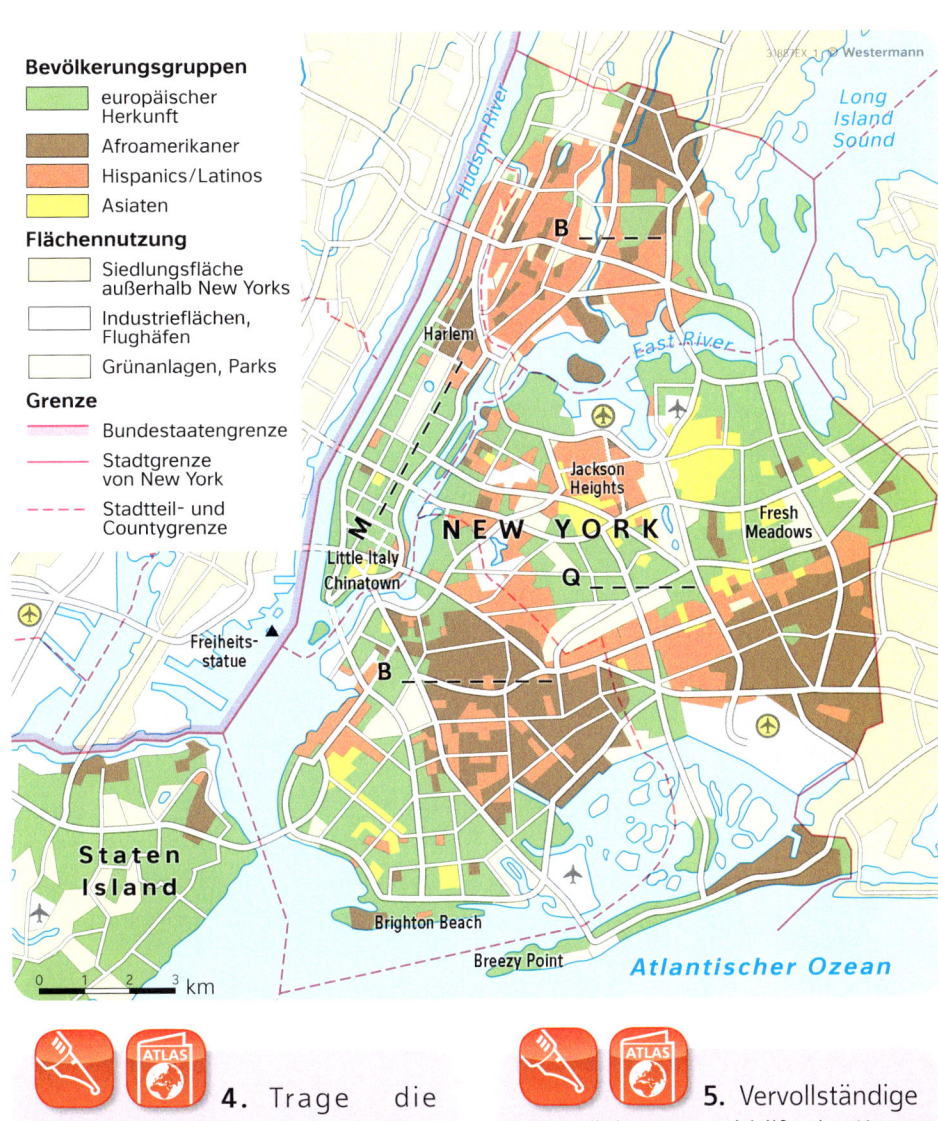

4. Trage die Namen der Stadtteile New Yorks in die Karte ein.

5. Vervollständige den Lückentext mithilfe der Karte und dem Atlas.

Mit dem Yellow Cab durch New York

Hi, mein Name ist Franco. Ich nehme dich mit auf eine Taxifahrt durch „Big Apple", wie New York auch genannt wird. Ich komme gerade aus Staten Island. Dort leben überwiegend Menschen e_____ Herkunft. Jetzt fahren wir durch den Stadtbezirk M_____, eine Insel am H_____ R_____. Hier liegt C_____, die größte chinesische Gemeinde in den USA und eine der Touristenattraktionen. Manhattan ist Teil des wichtigsten Finanz- und Wirtschaftszentrums der Welt. Hier leben größtenteils Menschen mit e_____ Wurzeln. Wir fahren die berühmte Fifth Avenue entlang Richtung Nordosten, vorbei am C_____ P_____, nach H_____. Dieses Viertel wird dominiert von A_____. Weiter Richtung Norden geht's in die B_____. Dieser Stadtteil ist geprägt durch viele Viertel mit H_____/L_____, die bereits in den USA geboren wurden. Wir überqueren nun den E_____ R_____ und kommen nach Q_____. Im zentralen Norden, in J_____ H_____, leben ebenfalls viele H_____/L_____. Die meisten von ihnen sind in Zentral- oder Südamerika geboren und leben in erster Generation in den USA. Im Osten von Queens, in F_____ M_____, treffen wir auf viele A_____, die vor allem aus Korea stammen. Im Südosten des Stadtbezirks leben vor allem A_____. Weiter geht's Richtung Süden nach B_____. Auch dieser Stadtteil ist unter verschiedenen Bevölkerungsgruppen aufgeteilt. Im Norden leben hauptsächlich A_____, im Süden vor allem Menschen e_____ Herkunft. Besonders europäisch ist B_____ B_____ mit vielen Immigranten aus Osteuropa. Schauen wir von dort über den A_____ O_____ Richtung Süden, dann sehen wir B_____ P_____, einen Stadtteil von Q_____. Im Oktober 2012 hat der Hurrikane Sandy hier viele Häuser zerstört. Der überwiegende Teil der Bevölkerung hat e_____ Vorfahren.

Across the Borderline

Warnschild an der Grenze Mexiko – USA

Anteil von Hispanics/Latinos: unter 20 %, 20–30 %, 30–40 %, über 40 %, befestigter Grenzzaun

 **1.** Liste die Warnungen auf.

„There's a land where I've been told ..."

Zwischen den USA und Mexiko befindet sich eine der meist überschrittenen Grenzen der Erde. Jährlich überqueren 275 Mio. Menschen legal die sogenannte „Borderline". Auch illegale Grenzübertritte stehen an der Tagesordnung. Die Anzahl kann nur geschätzt werden und beträgt vermutlich mehrere Hunderttausend Versuche pro Jahr. Die Einwanderer stammen größtenteils aus Mexiko, Zentral- und Südamerika. Die Gründe für die Migration reichen von familiären Verbindungen bis zum Wunsch auf ein besseres Leben. Typische Arbeitsfelder der illegalen Einwanderer sind schlecht bezahlte Jobs in Supermärkten, als Küchenpersonal, Erntehelfer oder Reinigungskraft. Mit Einwanderungsgesetzen und Grenzkontrollen wird versucht, die Einwanderung zu regulieren.

Die Grenze zwischen den USA und Mexiko ist ca. 3200 km lang. Mehrere Tausend Grenzbeamte und moderne Kameras bewachen sie. Zudem sollen hohe Grenzzäune und -mauern illegale Grenzübertritte verhindern. Da, wo keine Zäune oder Mauern die Grenze abriegeln, bilden Wüsten oder Flüsse natürliche Grenzen. Bei dem Versuch, diese zu überqueren, kommen jährlich viele Menschen ums Leben.

Bundesstaat	Hispanics/Latinos (Anteil)	Hispanics/Latinos (gesamt)	Bevölkerung (gesamt)
USA gesamt	18,7 %	62,0 Mio.	331,4 Mio.
Kalifornien	39,4 %		39,5 Mio.
Arizona	30,5 %		7,2 Mio.
New Mexico	47,7 %		2,1 Mio.
Texas	39,3 %		29,1 Mio.
Oklahoma	11,9 %		3,9 Mio.
Kansas	13,0 %		2,9 Mio.
Colorado	21,9 %		5,7 Mio.
Wyoming	10,2 %		0,58 Mio.
Utah	15,0 %		3,2 Mio.
Nevada	28,6 %		3,1 Mio.
Idaho	13,0 %		1,8 Mio.
Oregon	13,8 %		4,2 Mio.
Washington	13,7 %		7,7 Mio.
Florida	26,4 %		21,5 Mio.

  2. Erstelle eine thematische Karte zur Bevölkerungsverteilung der Hispanics/Latinos in den USA. Trage die Prozentwerte der Bundesstaaten in die Karte ein. Orientiere dich dabei an den Farben in der Legende.

3. Berechne die Gesamtzahl von Hispanics und Latinos in den einzelnen Bundesstaaten. Trage die Werte in die Tabelle ein.

   4. Trage die Mojavewüste, die Gilawüste sowie den Verlauf des Rio Grande in die Karte ein.

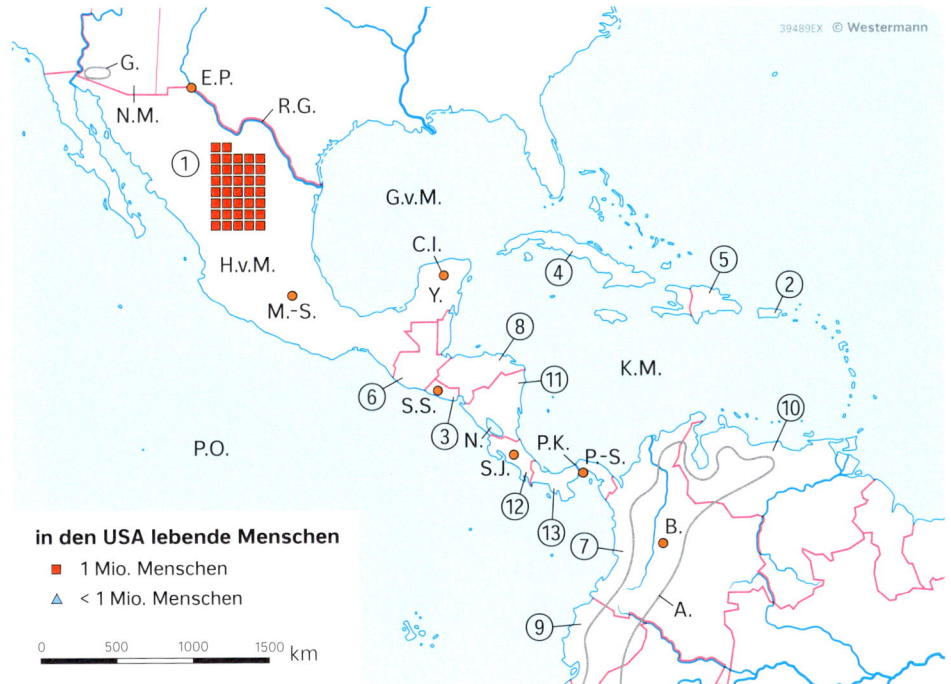

in den USA lebende Menschen
■ 1 Mio. Menschen
▲ < 1 Mio. Menschen

5. Hilf Pedro dabei, die Lücken in seiner Geschichte auszufüllen.

6. Liste vier verschiedene Vegetationsformen auf, die Pedro auf seiner Reise durchquert hat.

_____
_____
_____
_____

7. a) Bestimme die Herkunftsländer der in den USA lebenden Menschen aus Mittel- und Südamerika.
b) Trage in der Karte in die Herkunftsländer ein, wie viele Menschen davon in den USA leben (siehe Beispiel Mexiko). Orientiere dich an der Legende.

Nr.	Herkunft	in den USA lebende Menschen
1	Mexiko	37,1 Mio.
2		5,9 Mio.
3		2,5 Mio.
4		2,4 Mio.
5		2,3 Mio.
6		1,8 Mio.
7		1,4 Mio.
8		1,2 Mio.
9		0,8 Mio.
10		0,8 Mio.
11		0,5 Mio.
12		0,2 Mio.
13		0,2 Mio.

Mein Name ist Pedro. Ich stamme aus Kolumbien. Mit mir leben _____ Mio. Kolumbianer in den USA. In meinem Land herrscht seit über 50 Jahren eine gewaltsame Krise, vor der ich geflohen bin. Ich möchte euch von meinem Weg in die USA berichten.

Geboren bin ich in der Hauptstadt B_____. Diese liegt _____ m hoch an den Gebirgsausläufern der A_____. Meine erste Station war P_____-S_____. Dort musste ich mit dem Schiff den P_____ K_____ überqueren. Weiter ging es in die Hauptstadt des Nachbarlandes: S_____ J_____. Der Name des Landes, C_____ R_____, heißt übersetzt „Reiche Küste". An der Grenze zum nördlichen Nachbarn N_____ liegt ein riesiger See namens N_____. Auf meinem weiteren Weg entlang des Sees lag westlich der P_____ O_____. So gelangte ich in das kleine Land E____ S_____. Nach einem Aufenthalt in der Hauptstadt S____ S_____ musste ich weiter nach Nordosten in das Land H_____. Danach hatte ich die Wahl zwischen G_____ oder B_____. Der Weg führte mich letztlich an die traumhaften Strände des K_____ M_____ auf die Halbinsel der Azteken namens Y_____. Nun war ich angekommen in M_____. Obwohl noch ein langer Weg vor mir lag, wollte ich unbedingt das Weltkulturerbe C_____ I_____ sehen. In der Hauptstadt M_____-S_____ war ich hingegen nicht. Der Weg über das H_____ v____ M_____ mit Höhen von über _____ m wäre zu anstrengend gewesen. Deshalb bin ich weiter entlang der Ostküste am G_____ v____ M_____. Mein Ziel war die Grenzstation E____ P_____. Um dort hinzugelangen, ging es für mich an der natürlichen Grenze, dem R____ G_____, weiter. Nachdem ich den Fluss überquert hatte, musste ich bei Temperaturen von über 40 °C durch die G_____. Heute lebe ich am Ziel meiner Träume, im US-Bundesstaat mit den meisten Hispanics und Latinos: N_____ M_____. Am Grenzzaun musste ich mich lange vor den Geländewagen der Border Patrol verstecken. Nachts haben wir uns dann gegenseitig geholfen, den Grenzzaun zu überwinden.

Mit der Exodus nach Palästina

Auf dem Weg in die neue Heimat Palästina

Nach dem Zweiten Weltkrieg wollten viele jüdische Holocaust-Überlebende auf der Suche nach einer neuen Heimat nach Palästina. Dieses Land wurde im Auftrag der UN von den Briten verwaltet und war von Arabern besiedelt. Daher war die britische Mandatsregierung über den gewaltigen Andrang jüdischer Menschen nach Palästina beunruhigt. Das britische Außenministerium befürchtete feindliche Reaktionen der arabischen Bewohner Palästinas. Einwanderungssperren für jüdische Flüchtlinge erwiesen sich als unwirksam. Im Mai 1945 wurde in Italien ein Zentrum eingerichtet, um jüdische Flüchtlinge außer Landes zu schmuggeln. Die jüdische Untergrundorganisation der Hagana schickte die Schiffe von Häfen aus Italien, Frankreich, Griechenland, Jugoslawien und Rumänien Richtung Palästina. 65 „illegale" Schiffe legten zwischen 1945 und 1948 ab. Die meisten wurden von der britischen Armee abgefangen, die Passagiere in Internierungslager gebracht. Der Kampf um die freie Einwanderung überlebender Juden nach Palästina erreichte mit dem Schicksal der Menschen der „Exodus" im Sommer 1947 seinen Höhepunkt. Die „Exodus" lief am 11. Juli 1947 mit 4500 Juden an Bord aus dem südfranzösischen Sète aus. Britische Kriegsschiffe folgten der „Exodus", nachdem es die französischen Gewässer verlassen hatte. Am 18. Juli 1947 enterten britische Marinetruppen das Schiff, wogegen sich die Passagiere zur Wehr setzten. Vier Passagiere starben, mehr als 100 wurden verletzt. Die „Exodus" wurde nach Haifa geschleppt …

Das Schiff „Exodus" in Haifa

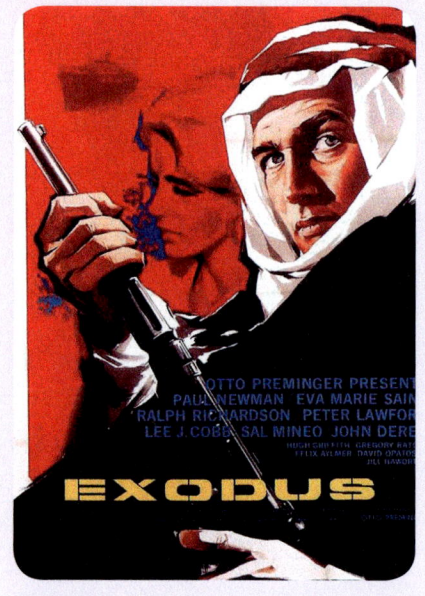

Filmplakat

Vor dem Hintergrund der tatsächlichen, dramatischen Fahrt des Flüchtlingsschiffes „Exodus" 1947 schrieb der Amerikaner Leon Uris 1959 den gleichnamigen Roman. 1960 widmete sich der US-amerikanische Regisseur und Produzent Otto Preminger der Romanvorlage und inszenierte den Filmklassiker „Exodus".

Route des Flüchtlingsschiffes „Exodus"

1. Recherchiere, wie die Geschichte der „Exodus" für die Passagiere weiterging. Welches historische Ereignis war das Ergebnis?

2. Bestimme die Staaten in der Karte auf S. 12.

I _____
II _____
III _____
IV _____
V _____
VI _____

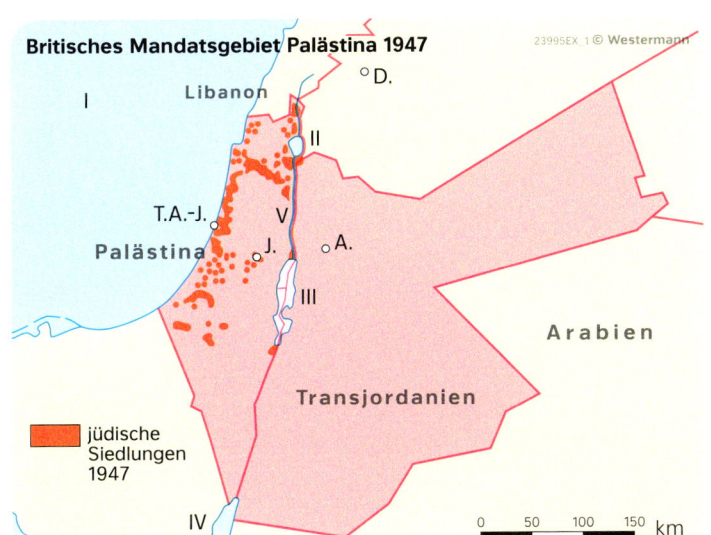

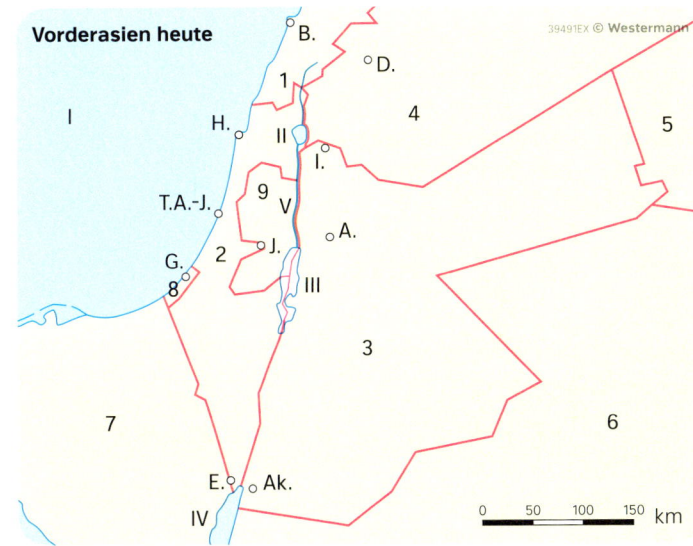

3. Ergänze nach der Karte die Route der „Exodus".

4. Bestimme die heutigen Staaten und sonstigen Gebiete auf der Fläche des ehemaligen britischen Mandatsgebiets Palästina. Ergänze die Namen der Gewässer und Städte.

Die „Exodus" verließ den Hafen von (1) S_____. Das Schiff nahm Kurs auf das (2) westliche M_____, vorbei an der Insel (3) S_____. Dann durchquerte die „Exodus" die Meerenge zwischen (4) T_____ und (5) S_____. Vorbei an der Insel (6) M_____ nahm die „Exodus" Kurs entlang der (7) G_____ S_____ vor der Küste Libyens nach (8) Ä_____. Vorbei an der Hafenstadt (9) A _____ hielt die „Exodus" Kurs auf die Halbinsel (10) S_____. Vor der Hafenstadt (11) H_____ wurde die „Exodus" von der englischen Marine gestoppt.

Staaten	
1	
2	
3	
4	
5	
6	
7	

Gewässer	
I	
II	
III	
IV	
V	

Sonstige Gebiete	
8	
9	

Städte	
B.	
H.	
T.A.-J.	
J.	
E.	
G.	
D.	
A.	
Ak.	
I.	

© westermann

13

Die Pisolkas – Chronik einer „Ruhrpolenfamilie"

Deutschland zieht Arbeitsmigranten wie ein Magnet an. Nur die USA sind noch beliebter.

Quelle: Zeitungsmeldung vom 26.06.2018

Der Kaiser rief die „Polen"

Die Zeitungsnotiz aus dem Jahr 2018 hätte in ähnlicher Form auch 1914 erscheinen können. Damals war Deutschland das größte Zuwanderungsland nach den USA. Das Deutsche Kaiserreich erlebte im 19. Jahrhundert eine rasch anwachsende Industrialisierung. Im Bergbau und in der Industrie herrschten Arbeitskräftemangel. Arbeitskräfte aus dem Ausland sollten die Lücken füllen. Eine besondere Gruppe bildeten die „Ruhrpolen", die in den Ostprovinzen des Kaiserreichs, West- und Ostpreußen, Posen und Schlesien, lebten. 1871 zogen in einer ersten Wanderungswelle Landarbeiter aus Ost- und Westpreußen sowie aus der Provinz Posen ins Ruhrgebiet. Ab 1880 verstärkte sich die Ost-West-Wanderung aus Schlesien ins Ruhrgebiet. Die deutsche Arbeiterschaft nahm die „Ruhrpolen" wegen ihrer strengen katholischen Konfession und ihrer Sprache als Fremde wahr. Folglich bildeten sich eigenständige polnische Arbeitersiedlungen in den Städten des Ruhrgebiets, hauptsächlich in Essen, Dortmund und Bochum. Gelsenkirchen wurde hingegen ein Zentrum evangelischer Arbeiter aus Masuren, einem Teil Ostpreußens. Tausende „Ruhrpolen" blieben dauerhaft im Ruhrgebiet. So auch die Familie Pisolka, die heute in der fünften Generation im Ruhrgebiet lebt und somit auch den Wandel der Region in den letzten hundert Jahren widerspiegelt.

Die Geschichte der Familie Pisolka

1890: Unter den katholischen, polnischen Neuankömmlingen im Ruhrgebiet befindet sich auch der 21-jährige Miroslav Piszolka und seine junge Frau Danuta aus Posen, die bei der Ankunft in der neuen Heimat Bochum bereits im 5. Monat schwanger ist. 1891 erblickt ihr Sohn Anton das Licht der Welt. Die junge Familie bringt es bis zur Jahrhundertwende zu einem bescheidenen Wohlstand und führt ein frommes Leben in der polnischen Arbeiterkolonie.

1906: Im Alter von 15 Jahren beginnt 1906 für den jungen Anton Piszolka das harte Bergmannsleben auf der gleichen Zeche, in der sein Vater Miro arbeitet. Anton Piszolka, der sich nach einem Antrag auf Eindeutschung Anton Pisolka nennen darf, heiratet 1917 seine Frau Alina, die ebenfalls aus der polnischen Siedlung stammt. Sie bekommen bis 1927 drei Söhne: Karel, Marek und Aslan.

1935: Karel Pisolka erlernt wie zuvor sein Vater und sein Großvater 1935 den Beruf Bergmann und wird bis zum Jahr 1967 Kumpel auf der Zeche Nordstern bleiben. Er erlebt bis in die 1960er-Jahre den Höhepunkt und Niedergang des Steinkohlenbergbaus im Revier. Die Zeichen im Ruhrgebiet stehen auf Veränderung und Wandel. Kohle und Stahl kommen in die Krise, Handel, Gewerbe und Dienstleistungen blühen auf. Während der Kohlekrise wird Karel mit 47 als Bergmann entlassen. Er hat Glück und wird Lagerist in einem neuen großen Lebensmittel-Handelshaus.

1970: Eduard Pisolka, der 1952 geborene Sohn von Karel wird nicht mehr Bergmann, wie sein Vater, Opa und Uropa. Eduard lebt nun in der vierten Generation in Recklinghausen und besteht 1970 dort an einem Gymnasium das Abitur. Er studiert Maschinenbau an der Ruhruniversität Bochum und wird Ingenieur in einem Spezialunternehmen für Betonbaumaschinen in Herne. Aufgrund der Weltmarktkonkurrenz fürchtet er doch gelegentlich, seinen gut bezahlten Arbeitsplatz und den erarbeiteten Wohlstand zu verlieren.

heute: Eduard Pisolka freut sich über seinen Ruhestand. Er hat zwei erwachsene Kinder. Karolina, die 1989 geborene Tochter, studiert Grafik-Design und arbeitet in einem großen Unternehmen der Werbebranche. Der 28-jährige Sohn Jan studiert Bioinformatik und arbeitet in einem High-Tech-Betrieb für Biotechnologie. Die jüngste und fünfte Generation der Pisolkas ist heute für das Ruhrgebiet so typisch wie einst der polnische Bergmannskumpel, der ihr Ur-Ur-Opa Miroslav aus Posen war.

---

1. a) Beschreibe die Anreise von Miroslav Piszolka von Posen bis Bochum. Nenne Zwischenstationen, Regionen und Landschaften.

b) Welche Staaten und Bundesländer liegen heute entlang dieser Zugstrecke?

2. Beschreibe anhand der Geschichte der Familie Pisolka den Wandel des Ruhrgebiets.

TOP+

Deutschland – Frühindustrialisierung

Gewerbelandschaften um 1800
- Textilgewerbe (Leinen, Wolle, Baumwolle, Seide)
- Montanindustrie (Bergbau, Verhüttung, Metallverarbeitung)

Grenzen
- Grenze des Deutschen Reiches (1871–1918)
- sonstige Staatsgrenze

Orte (Einwohner Ende des 19. Jahrhunderts)
- über 100 000
- 20 000–100 000

Verkehr
- Eisenbahn bis 1850
- Eisenbahn bis 1871
- schiffbarer Fluss

3. Bestimme die Städte der Industrialisierungszonen des Ruhrgebiets.

W. _____
H. _____
Du. _____
E. _____
B. _____
D. _____
O. _____
Bo. _____
He. _____
R. _____
Do. _____
M. _____
Da. _____
L. _____
Ha. _____

4. Benenne jeweils fünf Beispiele von Regionen mit Textilgewerbe und Montanindustrie in Deutschland zur Zeit der Industrialisierung.

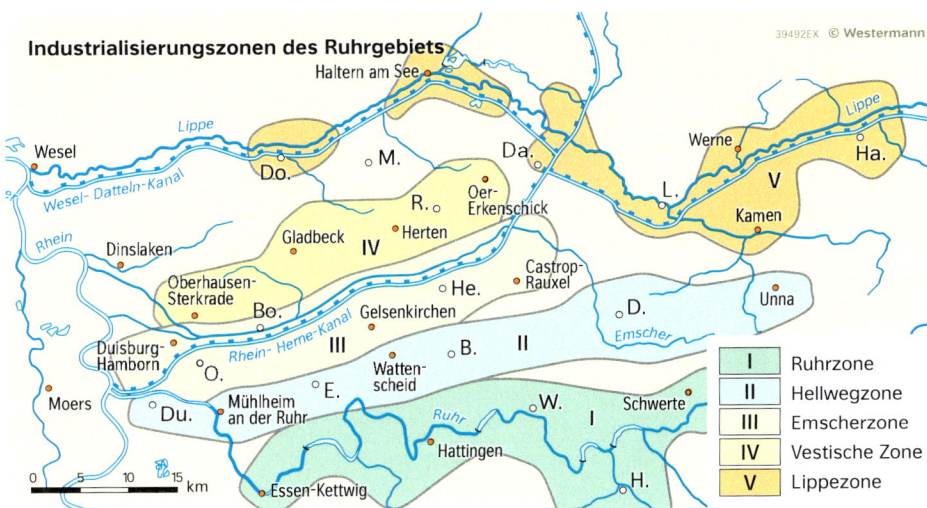

Industrialisierungszonen des Ruhrgebiets

- I Ruhrzone
- II Hellwegzone
- III Emscherzone
- IV Vestische Zone
- V Lippezone

Wanderarbeiter

Wandern, um zu arbeiten
Wanderarbeiter verlassen ihre Heimat, um an einem entfernten Ort einen Arbeitsplatz zu finden. Dieser kann im In- oder Ausland sein. Die internationale Organisation für Migration schätzt die Anzahl an Wanderarbeitern weltweit auf 200 Millionen Menschen. Damit haben die Wanderarbeiter einen Anteil von zwei Drittel an der gesamten internationalen Migration.

Beispiel China
China ist das Land mit den meisten Wanderarbeitern. Experten sprechen von der größten „Völkerwanderung" aller Zeiten. Die Wanderarbeiter überschreiten meist nicht die Staatsgrenze. Deshalb werden sie unter dem Begriff „Binnenmigration" erfasst. Chinas Wirtschaft gehört mittlerweile zur Weltspitze. Parallel zum Wirtschaftsaufbau entstand ein Wohlstandsgefälle zwischen Stadt und Land. Gründe für die hohe Anzahl an Wanderarbeitern ist die Landflucht. Chinas Wanderarbeiter hoffen auf ein besseres Leben in den Städten. Ohne festen Wohnort fernab ihrer Familien sind sie monatelang unterwegs. Häufig wird ihre Hoffnung von der düsteren Realität getrübt: Vielerorts herrschen unmenschliche Arbeitsbedingungen und nur geringe Verdienstmöglichkeiten.

 1. Lian Wang ist Wanderarbeiter aus Urumchi. Auf der Suche nach Arbeit fährt er in die Tourismuszone Sanya. Bestimme die Klimazonen (nach Köppen/Geiger), die er durchquert.

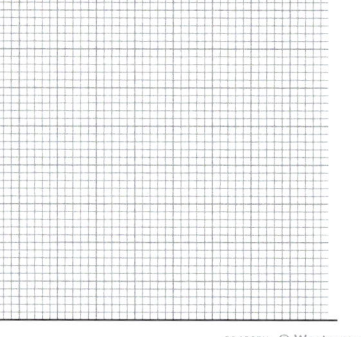

 **2.** Erstelle ein Höhenprofil der Reise von Lian Wang.

Städte	Klimazone
Urumchi	
Golmud	
Chongqing	
Sanya	

4. Berechne folgende Distanzen.

a) von E (_____) nach F (_____): _____ km

b) Länge des Flusses c (_____): _____ km

c) von A (_____) bis zum Meer d (_____): _____ km

d) von G (_____) bis zur nächstgelegenen Landesgrenze mit _____: _____ km

e) die maximale West-Ost-Ausdehnung Chinas: _____ km

3. Trage die Namen der Nachbarstaaten Chinas sowie der chinesischen Städte, Flüsse, Meere, Gebirge und Landschaften in die Tabellen ein.

Staaten	
I	
II	
III	
IV	
V	
VI	
VII	
VIII	
IX	
X	
XI	

Städte	
A	
B	
C	
D	
E	
F	
G	
H	
I	
J	

Flüsse und Meere	
a	
b	
c	
d	
e	
f	

Gebirge	
①	
②	
③	
④	

Landschaften	
1	
2	
3	
4	
5	

Fluchtgrund Krisen und Kriege

Flagge	Staat	Konfliktstufe (2022)
	Afghanistan	4
	A	4
	A	4
	Ä	5
	B.	5
	E	5
	H	5
	I	5
	I	4
	J	4
	K	5
	K	4
	K	4
	K	4
	D. R. K.	5
	M	5
	M	4
	M	4
	M	5
	N	5
	P	4
	P	4
	S	4
	S	5
	S	5
	S	5
	S	4
	T	4
	T	5
	T	4
	U	4
	Z. A. R.	5

Hinter diesen erschreckenden und steigenden Zahlen verbergen sich zahllose menschliche Tragödien.

Quelle: Filippo Grandi, UN-Hochkommissar für Flüchtlinge

Aktuell sind weltweit mehr als 120 Millionen Menschen auf der Flucht. Mehr als 80 Prozent stammen aus Staaten mit niedrigen oder mittleren Einkommen. Hinter jedem Flüchtling steckt ein Schicksal. Die Motive der Flucht aus der Heimat sind so vielschichtig, dass sie von uns kaum bewertet werden können. Ein entscheidender Grund für Flucht sind gewaltsame Krisen oder Kriege im Heimatland. Das Heidelberger Institut für Internationale Konfliktforschung erfasst alle Krisen und Kriege auf der Welt und ordnet diese in verschiedene Konfliktstufen. Das jährlich erscheinende Konfliktbarometer gibt Auskunft über solche Länder und Regionen, in denen Krisen oder Kriege vorherrschen. Je höher die Konfliktstufe in einem Land oder einer Region ist, desto höher ist die Wahrscheinlichkeit an Flüchtlingsströmen.

TOP+

Konfliktstufe	Bezeichnung	Stufe der Gewalt	Anzahl an Flüchtlingen pro Monat
5	Krieg	gewaltsam	> 20 000
4	begrenzter Krieg	gewaltsam	> 20 000
3	gewaltsame Krise	Gewalt gegen Menschen	< 1000 – 20 000
2	gewaltlose Krise	Androhung von Gewalt gegenüber Menschen oder Einsatz von Gewalt gegen Sachen	0 – 1000
1	Disput (politischer Konflikt)	keine Gewalt	0 – 1000

1. a) Ermittle die Staaten der Konfliktstufen 4 und 5 anhand ihrer Flagge.
b) Erstelle eine thematische Karte, indem du die Länder einfärbst. Benutze dafür die Farben dunkelblau (Konfliktstufe 4) und schwarz (Konfliktstufe 5).

2. Recherchiere im Internet jeweils fünf Staaten der Konfliktstufe 3 und 2 (Suchbegriff: „Konfliktbarometer") und ordne ihnen Kontinente zu.

Staat	Kontinent

3. Recherchiere im Internet die Gründe für die Flucht/Vertreibung der Rohingya in Myanmar.

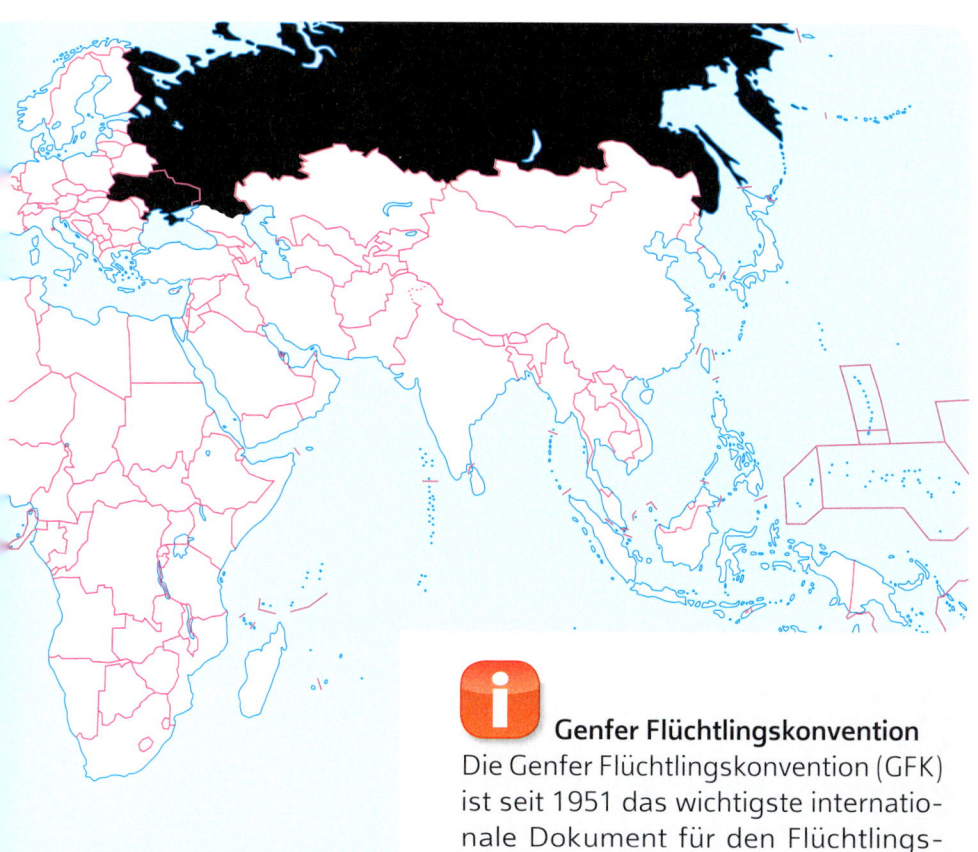

Genfer Flüchtlingskonvention
Die Genfer Flüchtlingskonvention (GFK) ist seit 1951 das wichtigste internationale Dokument für den Flüchtlingsschutz. An der GFK beteiligen sich 146 Länder. Gemäß GFK werden Flüchtlinge anerkannt, die verfolgt werden wegen „Rasse", Religion, Nationalität, Zugehörigkeit zu einer bestimmten sozialen Gruppe oder politischer Überzeugung.

© *westermann*

Grenzschutz für Europa

1. a) Schreibe zur Karikatur eine Bildunterschrift.
b) Formuliere die Kernaussage der Karikatur.

Frontex-Ausbau zum Schutz der EU-Außengrenzen vor unkontrollierter Migration

Streit um EU-Marinemission „Sophia" – Wer nimmt die afrikanischen Migranten auf?

„Wir dürfen nicht länger tatenlos zusehen!" – Erzbischof nimmt Stellung zur Migration

Quelle: Schlagzeilen nach Medienberichten zusammengestellt

Die Außengrenzen der EU

Tag für Tag machen sich Menschen auf den Weg nach Europa und stoßen dort an die Außengrenzen des EU-Raumes. Die Gründe der Migranten sind vielfältig: Sie flüchten vor unmenschlichen Lebensbedingungen, vor Krieg oder Hungersnot, vor Diktatur, politischer Verfolgung und Perspektivlosigkeit. Viele dieser Menschen werden Opfer von Schlepper- und Schleuserbanden. Diese lassen sich den illegalen Transport teuer bezahlen und oft endet die Flucht in einer Katastrophe.

Zunächst gilt für jeden Flüchtling, der ein EU-Land erreicht hat, der Grundsatz: Wenn Menschen in Not sind, muss ihnen geholfen werden! Die Flüchtlinge brauchen eine Unterkunft, Verpflegung und medizinische Versorgung. Erst dann wird im jeweiligen EU-Ankunftsland geprüft, ob ein berechtigter Anspruch auf Aufnahme in die EU besteht. Die Verteilung der Migranten ist in der EU jedoch sehr uneinheitlich und politisch umstritten. Damit grundsätzlich weniger Flüchtlinge illegal in die EU kommen, wurde beschlossen, die Kontrollen an der 14 000 km langen Außengrenze der EU massiv zu verstärken. Dazu soll der Ausbau von FRONTEX vorangetrieben werden. Einen wichtigen Beitrag zur Sicherung der EU-Außengrenzen sollte auch die EU-Seeoperation EUNAVFOR MED SOPHIA leisten. Nach dem internationalen Seerecht müssen in Seenot geratene Menschen gerettet und an einen sicheren Ort gebracht werden. Hinsichtlich der Verteilung der geretteten Migranten in den EU-Staaten sucht die Gemeinschaft nach einer Lösung.

Frontex
Frontex (für französisch: frontières extérieures = Außengrenzen) ist die Bezeichnung für die Europäische Agentur für die Grenz- und Küstenwache. Sie ist eine Einrichtung der Europäischen Union mit Sitz in Warschau. Diese wird über die EU-Haushaltsmittel finanziert.

2. Erkläre den Namen der ehemaligen Seemission EUNAVFOR MED SOPHIA.

3. Trage die vier Hauptursachen für die Flucht von Menschen nach Europa in den Kreis ein.

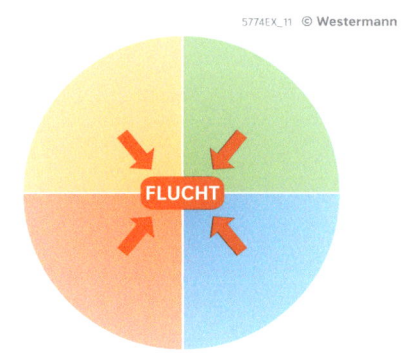

EU- und Schengen-Staaten
- EU-Staaten (2024)
- EU-Staaten, außerhalb des Schengen-Raums
- Nicht-EU-Staaten, die dem Schengen-Abkommen beigetreten sind
- Staatsgrenze
- umstrittene Grenze
- einheitlich kontrollierte Außengrenze des Schengen-Raums (Land/See)

Frontex-Operationen
- See- und Luftüberwachung
- Land- u. Luftüberwachung
- wichtiger Flughafen (illegaler Verbleib nach Ablauf des Visums)
- Flüchtlingslager in der EU („Hotspot-Lager")

4. Notiere die Namen der Staaten mit EU-Außengrenzen im Uhrzeigersinn, beginnend mit Finnland.

5. a) Bestimme mithilfe der Karte sechs Hauptmigrationsrouten auf See.

b) Nenne mithilfe der Karte drei Migrationsdrehkreuze.

Syrien – vertrieben aus dem Heimatland

Seit 2011 herrscht in Syrien Bürgerkrieg. Mehr als 5 Mio. Menschen sind bislang aus dem Land geflohen. Dazu kommen rund 7 Mio. Binnenflüchtlinge. Das sind Flüchtlinge, die zwar ihren Heimatort verlassen, dabei aber nicht die Staatsgrenze überschreiten.

Anfangs haben die Nachbarstaaten Syriens versucht, die Flüchtlingsströme aufzunehmen. Da aber immer mehr Menschen kamen, wurde das immer problematischer. Viele Flüchtlinge machten sich daher auf den Weg nach Europa.

 **1.** Bestimme die in der Karte eingetragenen Staaten.

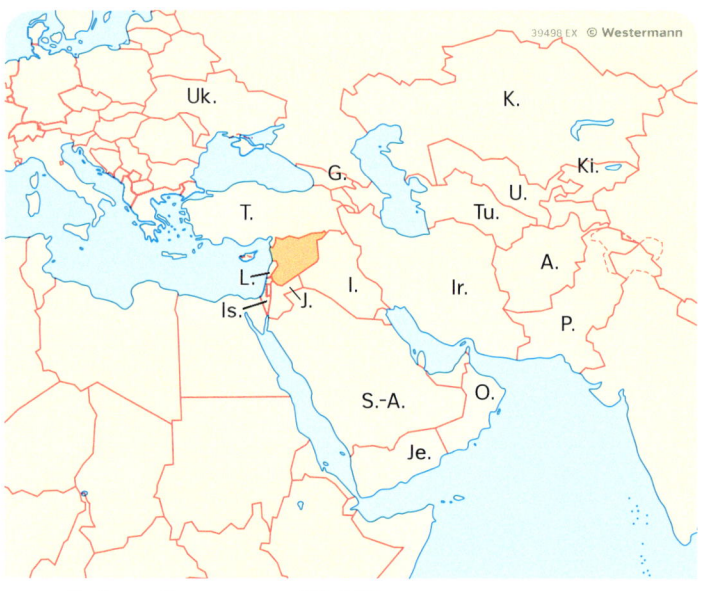

aus Syrien aufgenommene Flüchtlinge
○ 0 – 0,5 Mio. ○ 0,5 – 1 Mio. ○ 1 – 4 Mio.

3. a) Bestimme die Staaten in der Tabelle anhand ihrer Flagge.
b) Zeichne die Flüchtlingsströme aus der Tabelle als orangefarbene Pfeile in die Karte ein.
c) Zeichne die Anzahl der aus Syrien aufgenommenen Flüchtlinge in die Karte ein. Benutze dafür die Kreissignaturen in der Legende.

Staaten			
T.		P.	
L.		A.	
I.		Tu.	
J.		Ki.	
S.-A.		U.	
Je.		Ka.	
O.		G.	
Is.		Uk.	
Ir.			

Flagge	Staat	aus Syrien aufgenommene Flüchtlinge
		3,1 Mio.
		0,78 Mio.
		0,64 Mio.
		0,27 Mio.
		0,15 Mio.

2. Die Karte zeigt den Weg dreier Flüchtlinge von Syrien nach München. Bestimme die Stationen der Flüchtlingsroute.

Al.		P.	
F.		Sa.	
H.		Z.	
A.		L.	
S.		Sal.	

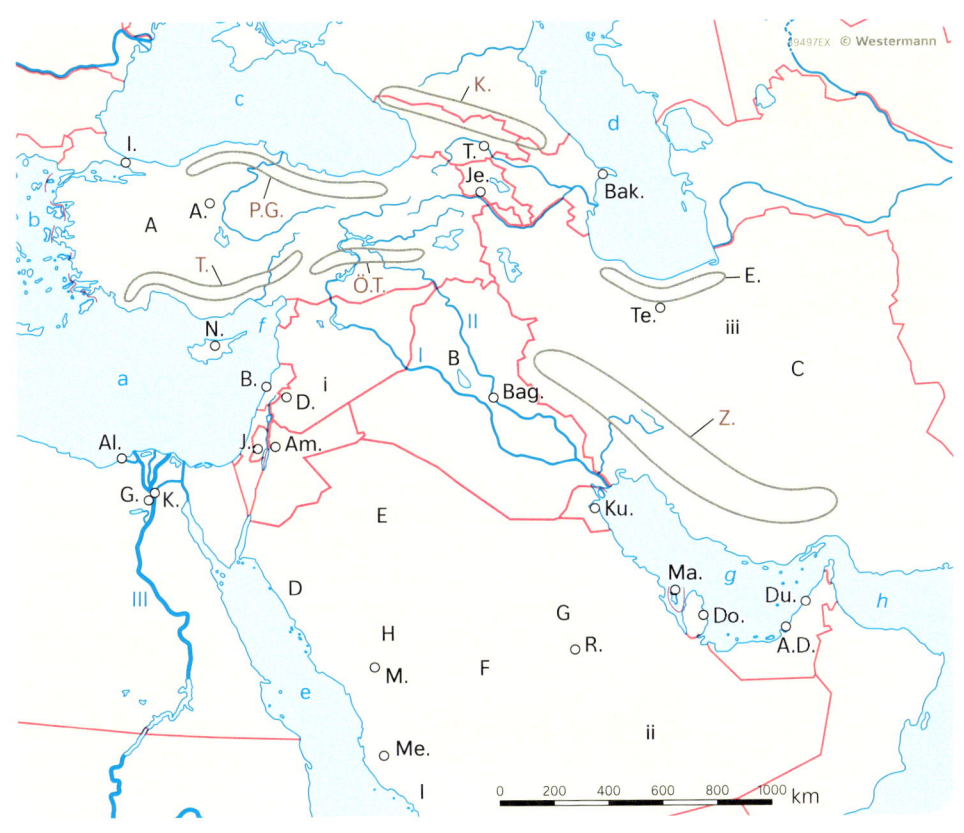

Bürgerkrieg

Ein Bürgerkrieg entsteht, wenn es in einem Land zu einer bewaffneten Auseinandersetzung zwischen zwei verschiedenen Gruppen kommt. Die Gruppen bekämpfen sich gegenseitig, um die Herrschaft über Teile oder das gesamte Land zu erlangen. Gründe für die Durchsetzung von Herrschaft können entweder politisch, ethnisch, religiös oder sozial sein. Zentrale Folge sind Flüchtlingsströme aus der betroffenen Region bzw. dem Land.

4. Bestimme die Meere, Meeresbuchten, Gebirge, Flüsse, Landschaften, Wüsten und Städte. Trage sie in die Tabelle ein.

Meere	
a	
b	
c	
d	
e	

Meeresbuchten	
f	
g	
h	

Gebirge	
Ö.T.	
P.G.	
T.	
K.	
Z.	
E.	

Flüsse	
I	
II	
III	

Landschaften	
A	
B	
C	
D	
E	
F	
G	
H	
I	

Wüsten	
i	
ii	
iii	

Städte	
A.	
A.D.	
Al.	
Am.	
B.	
Bak.	
Bag.	
D.	
Do.	
Du.	
G.	
I.	
J.	
Je.	
K.	
Ku.	
M.	
Ma.	
Me.	
N.	
R.	
T.	
Te.	

23

Impressum

Bildquellen:
|alamy images, Abingdon/Oxfordshire: SilverScreen 12.1; ZUMA Press, Inc. Titel. |bpk-Bildagentur, Berlin: 12.2. |Breuer, Martin, Mainz: 20.1. |Hoth, Katharina, Braunschweig: 3.1, 15.1. |Institut für Stadtgeschichte, Gelsenkirchen: Stadtarchiv Gelsenkirchen Fotosammlung I 2983 14.1. |Mithoff, Stephanie, Hardegsen-Hevensen: 2.1. |Picture-Alliance GmbH, Frankfurt/M.: Concorde Filmverleih 2013/Christian Lüdeke 7.1; dieKLEINERT.de/Natale, Agostino 22.1; RiKa 7.2; Xue Hun 16.1. |wikimedia.commons: 10.1.

© 2020 Westermann Bildungsmedien Verlag GmbH, Georg-Westermann-Allee 66, 38104 Braunschweig
www.westermann.de

Das Werk und seine Teile sind urheberrechtlich geschützt. Jede Nutzung in anderen als den gesetzlich zugelassenen bzw. vertraglich zugestandenen Fällen bedarf der vorherigen schriftlichen Einwilligung des Verlages. Nähere Informationen zur vertraglich gestatteten Anzahl von Kopien finden Sie auf www.schulbuchkopie.de.

Für Verweise (Links) auf Internet-Adressen gilt folgender Haftungshinweis: Trotz sorgfältiger inhaltlicher Kontrolle wird die Haftung für die Inhalte der externen Seiten ausgeschlossen. Für den Inhalt dieser externen Seiten sind ausschließlich deren Betreiber verantwortlich. Sollten Sie daher auf kostenpflichtige, illegale oder anstößige Inhalte treffen, so bedauern wir dies ausdrücklich und bitten Sie, uns umgehend per E-Mail davon in Kenntnis zu setzen, damit beim Nachdruck der Verweis gelöscht wird.

Druck A^2 / Jahr 2024
Alle Drucke der Serie A sind im Unterricht parallel verwendbar.

Herausgeber: Peter Kirch
Autoren: Peter Kirch, Thomas Brühne; unter Mitwirkung der Verlagsredaktion
Redaktion: Christine Wenzel, Sebastian Weirauch
Druck und Bindung: Westermann Druck GmbH, Georg-Westermann-Allee 66, 38104 Braunschweig

ISBN 978-3-14-**115293**-7